루미곰의

덴마크어 여행회화, 단어

꿈그린 어학연구소

루미곰의 덴마크어 여행회화, 단어

발 행 2020년 06월 02일
저 자 꿈그린 어학연구소
일러스트 Nuri Chloe Kwon
펴낸곳 꿈그린
E-mail kumgrin@gmail.com

ISBN 979-11-966734-5-1

루미곰의 덴마크어
여행회화 ·단어

꿈그린 어학 연구소

머 리 말

이 책은 덴마크 체류 시 필요한 단어와 회화를 상황별로 정리한 덴마크어 기초 여행 회화, 단어장입니다.

비록 덴마크가 영어가 잘 통하는 나라가 할지라도, 해외를 여행하면서 외국어로 몇 마디 현지인과 대화를 나누는 것만큼 뜻 깊은 경험도 없을 것입니다.

덴마크어는 영어를 비롯한 유럽어와 비슷하므로 간단한 의사 표현과 중요 단어를 숙지할 수 있다면 어려움 없이 덴마크인들과 기초적인 의사소통을 할 수 있을 것입니다.

특히 이 책은 필수 여행 회화부터 기타 생활 속 표현을 중심으로 약 천여 개의 중요 문장 표현과 단어를 테마 별로 정리하는데 중점을 두었습니다. 문법적인 설명은 덴마크어 기초 문법, 회화 책인 '루미곰의 기초 덴마크어'를 참조하시기 바랍니다.

이 책을 통하여 많은 덴마크 여행자들이 쉽게 덴마크어를 익히고 덴마크 여행에 재미를 더할 수 있기를 바랍니다.

2020 년 05 월
꿈그린 어학연구소

차 례

머리말 --- 4

차례 --- 5

기억할 기본 표현 --- 9

1. 인사 -- 11

2. 안부 -- 15

3. 자기소개 -- 19
   - 사람 관련 단어

4. 사과 -- 25

5. 감사 -- 29

6. 부탁 -- 33

7. 날짜, 시간 -- 37

- 계절, 날, 숫자 관련 단어

8. 출신 --- 45
  - 주요 나라, 언어 관련 단어

9. 언어 -- 49

10. 의견 --- 53

11. 전화 --- 59
  - 전자기기 관련 단어

12. 환전, 우편 -- 65
  - 금융, 우편 관련 단어

13. 날씨 --- 71
  - 날씨 관련 단어

14. 교통 --- 77
  - 방위, 교통 관련 단어

15. 관광 --- 85

  - 장소, 관광 관련 단어

16. 공항 -- 93
  - 공항 관련 단어

17. 쇼핑 -- 103
  - 쇼핑, 패션, 색 관련 단어

18. 숙박 -- 113
  - 숙박, 집, 사물 관련 단어

19. 식당 -- 123
  - 식당, 식품 관련 단어

20. 병원 -- 133
  - 신체 관련 단어

21. 긴급 -- 139

부록: 문자와 발음 --------------------------------------- 143

기억할 기본 표현

예.

Ja.

야

아니요.

Nej.

나이

~하고 싶어요. / ~를 원해요.

Jeg vil... / Jeg vil gerne have ...

야 비 / 야 비 게ㅎ네 하브

~가 있으세요?

Har du ...?

하 두

~가 필요해요.

Jeg behøver...

야 비회베

~해도 될까요?

Kan Jeg...?

칸 야

~할 수 있으세요?

Kan du...?

칸 두

~를 아세요?

Ved du...?

베 두

몰라요.

Jeg vet ikke.

야 베 일

01 인사

안녕하세요

Hej!

01 인 사

안녕하세요.

Halløj!

해라이

안녕!

Hej!

하이

안녕하세요. (아침 인사)

Godmorgen!

고 모은

안녕하세요. (낮 인사)

Goddag!

고 데

안녕하세요. (저녁 인사)

Godaften!

고 아프튼

좋은 밤 되세요. (밤 인사)

Godnat!

고 넷

안녕! (헤어질 때)

Hej hej!

하이 하이

안녕히!

Farvel!

파벨

다음에 봐요.

Vi ses!

비 시스

잘 자요.

Sov godt!

소브 곳

생일 축하합니다.

Tillykke med fødselsdagen!

튀리귀 메 푈세스데엔

즐거운 성탄절 되세요.

God Jul!

고 율

새해 복 많이 받으세요.

Godt nytår.

곳 뉫 오

02 안부

잘 지내요?

Hvordan har du det?

02 안 부

오래간만 입니다.

Det er længe siden!

데 에 랭 슨

잘 지내요?

Hvordan har du det?

보단 하 두 뎃

어떻게 지내세요?

Hvordan går det? / Hvordan står det til?

보단 고 뎃   보단 스토 데 틸

잘 지내요.

Det går godt. / Jeg har det fint.

데 고 곳   야 하 데 핀

좋아요, 고마워요.

Fint, tak.

핀 탁

당신은요?

Og du?

오 두

당신은 어떠세요?

Hvad med dig?

배 메 다

나쁘지 않아요.

Ikke så dårligt.

익 소 돌릿

아주 좋지는 않아요.

Ikke så godt.

익 소 곳

그런 말을 듣게 되어 유감입니다.

Det er jeg ked af at høre.

데 에 야 킬 엪 에 회어

03 자기소개

저는 ~ 입니다.

Jeg er...

자기소개

처음 뵙겠습니다.

Dejligt at mødes!

다릿 에 뫼스

만나서 반갑습니다.

Jeg er glad for at møde dig.

야 에 글라드 포 엣 뫼 다

당신의 이름은 무엇입니까?

Hvad hedder du?

바 헬러 두

제 이름은 ~ 입니다.

Jeg hedder ...

야 헬러

직업이 무엇인가요?

Hvad arbejder du med?

바 아바이더 두 메

저는 ~ 입니다.

Jeg er...

야 에

몇 살 이신가요?

Hvor gammel er du?

보 감믈 에 두

~살 입니다.

Jeg er ... år gammel.

야 에 오 감믈

기혼 / 미혼 이신가요?

Er du gift / single?

에 두 기프트 신글

저는 미혼/ 기혼입니다.

Jeg er single / gift.

야 에 신글 기프트

인칭대명사

나	jeg	우리	vi
당신	du (De)	당신들	I (De)
그/ 그녀	han / hun	그들	de

*De 는 공손한 표현

의문사

누가?	hvem	무엇을?	hvad
언제?	hvornår	어떻게?	hvordan
어디서?	hvor	왜?	hvorfor

사람 관련

사람	person	이웃	nabo
남자	mand	아들	søn
여자	kvinde	딸	datter
소녀	pige	남편	mand
소년	dreng	아내	kone
쌍둥이	tvilling	부부	par
아기	spædbarn	자매	søster
아이	barn	형제	bror
어른	voksen	할머니	bedstemor

미스	fröken	할아버지	bedstefar
미스터	herr	손자	barnebarn
동료	kollega	사촌	fætter
가족	familie	친척	slægtning
부모	forælder	연인	kæreste
아버지	far	삼촌	onkel
어머니	mor	고모, 이모	tante

04 사과

미안합니다.

Undskyld!

04 사 과

미안합니다.

Undskyld!

운스퀼

죄송합니다.

Det er jeg ked af.

데 에 야 킬 엪

정말 죄송합니다.

Jeg er meget ked af det.

아 에 메 킬 엪 데

미안해요, 실례합니다.

Undskyld mig!

운스퀼 마

괜찮아요.

Det er i orden.

데 에 오든

제가 방해 했나요?

Forstyrrer jeg dig?

포스튀헤 야 디

걱정 마세요.

Bare rolig!

바 호리

별일 아니니 걱정 마세요.

Det gør ikke noget.

데 고 익 노

신경 쓰지 마세요.

Glem det.

그렘 데

유감입니다.

Jeg har ondt af dig.

야 하 온 앞 다

05 감사

고맙습니다.

Tak!

05 감 사

~를 축하합니다.

Tillykke med...

튀리귀 메

고마워요.

Tak!

탁

도와 주셔서 감사합니다.

Tak for din hjælp.

탁 포 딘 얄프

정말 고맙습니다.

Mange tak!

망게 탁

정말 감사합니다.

Tusind tak!

투신 탁

너무 친절 하세요.

Det er pænt af dig.

데 에 팬 애 다

뭘요, 얼마든지.

Var så god.

바 소 곳

별것 아닙니다.

Det var så lidt.

데 바 소 릿

천만에요.

Selv tak!

셀브 탁

저도 좋았는걸요.

Det var mig en sand fornøjelse.

데 바 마 엔 산 포노엘세

06 부탁

저 좀 도와주실 수 있으세요?

Kan du hjælpe mig?

06 부 탁

저기요, 실례합니다만.

Undskyld!

운스퀼

저 좀 도와주실 수 있으세요?

Kan du hjælpe mig?

칸 두 얄파 마

이것을 가져가도 되나요?

Kan jeg få dette?

칸 야 포 데테

(그럼요) 여기 있어요.

Var så god.

바 소 고

뭐 좀 여쭤봐도 되나요?

Må jeg spørge dig om noget?

모 야 스폰 다 옴 노

네, 물론이죠.

Ja sikker!

야 시거

제가 도와드릴게요.

Lad mig hjælpe dig.

라 마 얠파 다

네, 무엇을 도와드릴까요?

Ja, hvordan kan jeg hjælpe dig?

야 보단 칸 야 얠파 다

아니요, 죄송해요.

Nej, undskyld.

나이 운스퀄

아뇨, 지금 시간이 없어요.

Nej, jeg har ikke tid nu.

나이 야 하 잌 티 누

잠시만요.

Vent et øjeblik, tak.

벤 에 오에브릭 탁

좋습니다.

Okay.

오케

아마도요.

Måske.

모스케

07 날짜·시간

오늘은 무슨 요일이죠?

Hvilken dag er det i dag?

날짜, 시간

오늘은 무슨 요일이죠?

Hvilken dag er det i dag?

빌켄 다 에 데 이다

오늘은 화요일입니다.

I dag er tirsdag.

이다 에 티스다

오늘은 며칠입니까?

Hvilken dato er det i dag?

빌켓 다툼 에 데 이다

오늘은 3월 9일입니다.

I dag er den niende marts.

이다 에 덴 니엔데 마스

지금은 몇 시입니까?

Hvad er klokken?

바 에 클로칸

4시 5분입니다.

Klokken er fem over fire.

클로칸 에 펨 오어 퓌어

4시 15분입니다.

Klokken er kvart over fire.

클로칸 에 크봐 오어 퓌어

4시 30분입니다.

Klokken er halv fem.

클로칸 에 헬ㅂ 펨

4시 45분입니다.

Klokken er kvart i fem.

클로칸 에 크봐 이 펨

4시 50분입니다.

Klokken er ti i fem.

클로칸 에 티 이 펨

계절

봄	forår	가을	efterår
여름	sommer	겨울	vinter

기수

1	en/et	20	tyve
2	to	21	en**og**tyve
3	tre	22	to**og**tyve
4	fire		...
5	fem	10	ti
6	seks	20	tyve
7	syv	30	tredive
8	otte	40	fyrre
9	ni	50	halvtreds
10	ti	60	tres
11	elleve	70	halvfjerds
12	tolv	80	firs
13	tretten	90	halvfems
14	fjorten	100	hundrede
15	femten	1000	tusind
16	seksten		
17	sytten		
18	atten		
19	nitten		

서수

1	første	20	tyvende
2	anden	21	enogtyvende
3	tredje	22	toogtyvende
4	fjerde		...
5	femte	10	tiende
6	sjette	20	tyvende
7	syvende	30	tredivte
8	ottende	40	fyrretyvende
9	niende	50	halvtredsindstyvende
10	tiende	60	tresindstyvende
11	ellvte	70	halvfjerdsindstyvende
12	tolvte	80	firsindstyvende
13	trettende	90	halvfemsindstyvende
14	fjortende	100	hundrede
15	femtende	1000	tusinde
16	sekstende		
17	syttende		
18	attende		
19	nittende		

달

1 월	januar	7 월	juli
2 월	februar	8 월	august
3 월	marts	9 월	september
4 월	april	10 월	oktober
5 월	maj	11 월	november
6 월	juni	12 월	december

요일

월요일	mandag	목요일	torsdag

화요일	tirsdag	금요일	fredag
수요일	onsdag	토요일	lørdag
		일요일	søndag

날, 시간 관련

그저께	I forgårs	날	dag
어제	I går	주	uge
오늘	I dag	달	måned
내일	I morgen	년	år
모레	overmorgen	초	sekund
평일	ugedag	분	minut
주말	weekend	시간	tid

08 출신

한국에서 왔습니다.

Jeg kommer fra Korea.

출신

어디 출신 이세요?

Hvor er du fra?

보 에 두 프라

어디서 오셨습니까?

Hvor kommer du fra?

보 콤머 두 프라

한국에서 왔습니다.

Jeg kommer fra Korea.

야 콤머 프라 코레아

어떻게 여기에 오게 되셨나요?

Hvad bringer dig hit?

바 브링어 다 힛

저는 여기서 공부/ 일 해요.

Jeg studerer / arbejder her.

야 스튜디어 아바에더 히어

저는 한국사람입니다.

Jeg er koreaner.

야 에 코헤아너

제 출신지는 부산입니다.

Jeg er oprindeligt fra Busan.

야 에 우프홍릿 프라 부산

어느 도시에서 사세요?

Hvilken by bor du i?

빌켄 뷔 보 두 이

서울에서 살아요.

Jeg bor i Seoul.

야 보 이 서울

<주요 국명, 사람, 형용사 형>

	나라	형용사	사람
한국	Korea	koreansk	koreaner
스웨덴	Sverige	svensk	svensker
핀란드	Finland	finsk	finne
덴마크	Danmark	dansk	dansker
노르웨이	Norge	norsk	nordmand
미국	Amerika	amerikansk	amerikaner
영국	England	engelsk	englænder
독일	Tyskland	tysk	tysker
프랑스	Frankrig	fransk	franskmand
스페인	Spanien	spansk	spanier
이탈리아	Italien	italiensk	italiener
일본	Japan	japansk	japaner
중국	Kina	kinesisk	kineser
네덜란드	Holland	hollandsk	hollænder

09 언어

~은 영어로 뭐에요?

Hvad hedder ... på engelsk?

09　언 어

~어를 하시나요?

Taler du ...?

탈레 두

~어를 조금 합니다.

Jeg taler lidt...

야 탈레 릿

~어를 못합니다.

Jeg taler ikke...

야 탈라 익

~를 하시는 분 계시나요?

Er der nogen, der taler...

에 데 논 데 탈라

~은 영어로 뭐에요?

Hvad hedder ... på engelsk?

바 헬러   포 엔엘스크

그것은 덴마크어로 뭐라고 말해요?

Hvordan siger man det på dansk?

보단 시어 만 데 포 단스크

이것은 어떻게 발음해요?

Hvordan udtaler man det?

보단 우탈레 만 데

이것은 무슨 뜻이죠?

Hvad betyder det?

바 비튀어 뎃

제 말을 이해하셨나요?

Forstår du mig?

포스토 두 마

이해하지 못했어요. / 이해 합니다.

Jeg forstår det ikke. / Jeg forstår det.

야 포스토 데 일   야 포스토 데

천천히 말해 줄 수 있나요?

Kan du tale lidt langsommere?

칸 두 탈레 릿 랑삼머

다시 말해 주실 수 있으세요?

Kan du sige det igen?

칸 두 시어 데 이겐

써주실 수 있으세요?

Kan du skrive det ned?

칸 두 스크히브 데 네

철자를 알려주실 수 있으세요?

Kan du stave det for mig?

칸 두 스타브 데 포 마

10 의견 묻기

뭐라고 생각하세요?

Hvad synes du?

10 의 견

뭐라고 생각하세요?

Hvad synes du?

바 쉬네스 두

무슨 일이죠?

Hvad foregår der?

바 포어고 데

~라고 생각합니다.

Jeg tror, at ...

야 트호 에

뭐가 좋으세요?

Hvad foretrækker du?

바 포ㅎ트레거 두

그거 마음에 들어요.

Jeg kan godt lide det.

야 칸 고 릿 데

그거 마음에 안 들어요.

Jeg kan ikke lide det.

야 칸 익 릿 데

~(하기)를 좋아합니다.

Jeg kan lide at...

야 칸 릿 에

~(하기)를 싫어합니다.

Jeg hader at ...

야 헤에 에

기쁩니다.

Jeg er glad.

야 에 글라

기쁘지 않습니다.

Jeg er ikke glad.

야 에 일 글라

~에 흥미가 있습니다.

Jeg interesserer mig for...

야 에 인테헤세어 마 포

흥미 없습니다

Jeg er ikke interesseret.

야 에 일 인테헤세어

지루합니다.

Jeg keder mig.

야 키어 마

상관 없어요.

Det gør ikke noget.

데 고 일 노

아 그러세요?

Virkelig?

버크리

나쁘지 않네요.

Ikke dårligt!

익 도릿

이제 충분합니다. 질리네요.

Jeg har fået nok.

야 하 폿 녹

좋아요.

Fint!

핀

멋져요.

Herligt!

헤릿

불쌍해라! 안타깝네요.

Hvor synd! / Hvor ærgerligt!

보 쉰　　　보 에허릿

11 전화

누구시죠?

Hvem ringer, tak?

전 화

~이신가요?

Taler jeg med...?

탈라 야 메

~입니다.

Hej, dette er...

하이 데테 에

~랑 통화할 수 있나요?

Kan jeg tale med ...?

칸 야 타라 메

~랑 통화하고 싶습니다.

Jeg vil gerne tale med...

야 빌 게흐네 타라 메

~로 연결해 주시겠습니까?

Kan du forbinde mig til...?

칸 두 포빈에 마 티

누구시죠?

Hvem ringer, tak?

뱀 링어 탁

당신 전화 입니다.

Du har et opkald.

두 하 엣 옵칼

잘못된 번호로 거셨습니다.

Du har det forkerte nummer.

두 하 데 포케테 누머

통화 중 입니다.

Linjen er optaget.

린엔 에 옵테

그는 지금 자리에 없습니다.

Han er ikke her nu.

한 에 일 헤 누

그에게 제가 전화했다고 전해 주시겠습니까?

Vil du fortælle ham at jeg har ringet?

빌 두 포텔 함 에 야 하 링

그녀에게 다시 전화해 달라고 말씀해 주시겠습니까?

Kan du bede hende ringe til mig?

칸 두 베 헨 링 티 마

나중에 전화하겠습니다.

Jeg ringer igen senere.

야 링아 이엔 세네

메시지를 남길 수 있을까요?

Kan jeg efterlade en besked?

칸 야 에프터라 에 베스키

전화번호가 어떻게 되세요?

Hvad er dit telefonnummer?

바 에 디 틸리포누머

제 전화번호는~입니다.

Mit telefonnummer er ...

밋 틸리포누머 에

한 번 더 말해 주실래요?

Kan du gentage det?

칸 두 겐테 데

전자 기기, 전화 관련

컴퓨터	computer	전기	elektricitet
랩탑	bærbar computer	전화	telefon
인터넷	internettet	핸드폰/ 스마트폰	mobil / smart telefon
이메일	e-mail	심카드	SIM-kort
메일 주소	e-mail adresse	문자 메시 지	tekstbesked
홈 페이지	hjemmeside	콘센트 소켓	stikkontakt
프린터	printer	충전기	oplader
카메라	kamera	라디오	radio
메모리카드	hukommelseskort	이어폰	hovedtelefoner
배터리	batteri		

12 환전·우편

환율이 어떻게 되죠?

Hvad er vekselkursen?

12 우편, 환전

ATM기는 어디에 있나요?

Hvor er pengeautomaterne?

보 에 펭에아우토마터네

돈을 환전하고 싶습니다.

Jeg vil gerne veksle penge.

야 빌 게ㅎ네 벡세 펭에

덴마크 크로네와 달러와의 환율이 어떻게 되죠?

Hvad er vekselkursen fra dollar til danske kroner?

바 에 벡셀쿠르센 프라 돌라 티 단스크 크로너

수수료가 얼마입니까?

Hvad er gebyret?

바 에 게뷔헤

66

어디에 사인을 해야 하나요?

Hvor skal jeg skrive under?

보 스카 야 스히ㅂ 우너

이 문서를 작성해 주세요.

Udfyld denne formular, tak.

운퓌드 덴 포무라 탁

이 소포를 항공 우편으로 보내고 싶습니다.

Jeg vil sende denne pakke som luftpost.

야 빌 센에 덴네 파켓 솜 루프트포스트

이 편지를 한국으로 보내고 싶습니다.

Jeg vil gerne sende dette brev til Korea.

야 빌 게ㅎ네 센에 데테 브헤 티 코헤아

한국으로 이 것을 보내는데 얼마죠?

Hvor meget koster det at sende dette til Korea?

후어 메 코스터 데 에 센에 데테 티 코헤아

우표 ~개 주세요.

Kan jeg få ~ frimærker?

칸 야 포　　프리메커

여기 우표는 충분한가요?

Er der nok frimærker på?

에 데 녹 프리메커 포

금융

은행	bank	현금	kontant
ATM	pengeautomat	동전	mønter
계좌	konto	여행자 수표	rejsechecks
비밀 번호	adgangskode	예금	depositum
달러	dollar	이율	rentesats
유로	euro	카드	kreditkort
크로네	krone	환율	valutakurs
돈	penge	환전	valutaveksling

우편

국내우편	indenlandsk post	우편 번호	postnummer
국제우편	International post	우편 요금	porto
항공우편	luftpost	우편함	postkasse
수신인	modtager	우표	frimærke
발신인	afsender	주소	adresse
소포	pakke	엽서	postkort
우체국	posthus		

13 날씨

오늘 날씨 어때요?

Hvordan er vejret i dag?

13 날 씨

오늘 날씨 어때요?

Hvordan er vejret i dag?

보단 에 베엣 이데

오늘 몇 도 정도 될까요?

Hvad er temperaturen i dag?

바 에 템페라투어 이데

좋은 날씨입니다.

Det er smukt / fint vejr.

데 에 스묵 핀 베에

오늘 추워요.

Det er koldt i dag.

데 에 콜 이데

오늘 시원해요.

Det er sejt i dag.

데 에 살 이데

오늘 따뜻해요.

Det er varmt i dag.

데 에 밤 이데

오늘 더워요.

Det er hedt i dag.

데 에 헷 이데

습한 / 건조한 날씨입니다.

Det er fugtigt / tørt.

데 에 푸팃   퇴엍

날씨가 안 좋아 질까요?

Bliver vejret dårligt?

블리어 베엣 도릿

날씨가 죽 이럴까요?

Forbliver vejret det samme?

포비어 베엣 데 삼

비가 올까요?

Ser det ud til regn?

세 데 웃 티 하인

비가 오고 있습니다.

Det regner.

데 하이너

눈이 내리고 있습니다.

Det sner.

데 스뇌아

폭풍우가 몰아치고 있습니다.

Det er stormende.

데 에 스토메네

해가 납니다.

Det er solskin.

데 에 솔스킨

날씨가 흐립니다.

Det er skyet.

데 에 스퀴

안개가 꼈습니다.

Det er tåget.

데 에 토에

바람이 붑니다.

Det er blæsende.

데 에 브레세네

얼음이 얼었습니다.

Det er islag.

데 에 이스레

날씨

구름	sky	안개	tåge
해	sol	기온	temperatur
기후	klima	온도	grad
날씨	vejr	습도	fugtighed
뇌우	tordenvejr	일기 예보	vejrudsigt
눈	sne	진눈깨비	slud
눈보라	snestorm	천둥	torden
무지개	regnbue	번개	lyn
바람	vind	폭풍	storm
비	regn	허리케인	orkan
서리	frost	홍수	oversvømmelse

14 교통

~는 어떻게 가죠?

Hvordan kommer jeg til ... ?

14 교 통

~가 어디에 있는지 아시나요?

Ved du hvor ... er?

베 두 보   에

길을 잃었어요.

Jeg er fortabt.

야 에 포탓

주변에 ~가 어디 있나요?

Hvor er den nærmeste... ?

보 에 덴 네헤메스테

어떻게 ~에 가나요?

Hvordan kommer jeg til ... ?

보단 콤머 야 틸

78

거기는 걸어서 어떻게 가죠?

Hvordan kan jeg komme dertil til fods?

보단 칸 야 코메 데틸 티 폿

걸을 만한가요?

Er det gåafstand?

에 데 공앞스탄

다음 트램 정류장까지 얼마나 멀죠?

Hvor langt er det til det næste sporvognsstoppested?

보 롱 에 뎃 티 데 내스타 스포봉ㅅ스톱페스티

다음 버스는 몇 시에 출발해요?

Hvad tid er den næste bus?

바 티 에 덴 내스타 부스

이 버스는 어디로 가죠?

Hvor går denne bus?

보 고 덴네 부스

언제 ~에 도착하나요?

Hvornår kommer vi til ...?

보노 콤머 비 틸

다음 정류장은 어디인가요?

Hvor er næste stop?

보 에 내스타 스톱

이 버스 / 기차 ~에 멈추나요?

Standser denne bus ved/ dette tog i ...?

스탄서 덴네 부스 베　데테 토 이

어디서 내려야 해요?

Hvor skal jeg stå af?

보 스카 야 스토 앞

갈아타야 하나요?

Skal jeg stige om?

스카 야 스티 옴

어디서 내려야 하는지 알려주실 수 있으세요?

Fortæl mig, hvor jeg skal stå af, tak.

포텔 마　　보 야 스카 스토 압 탁

어디서 표를 살 수 있나요?

Hvor kan jeg købe en billet?

보 칸 야 쾨브 엔 빌옛

편도 / 왕복 표 얼마에요?

Hvor meget koster en enkeltbillet / returbillet?

보 마 코스타　　엔 엔켈빌옛　　리투어빌옛

자리를 예매해야 하나요?

Skal jeg booke et sæde?

스카 야 부커 에 세에

시간표 있으세요?

Må jeg bede om en tidsplan?

모 야 베 옴 에 티ㅅ프란

택시 좀 불러주세요.

Kan du ringe til en taxa?

칸 두 링 티 엔 탁사

~까지 가는데 얼마입니까?

Hvor meget ville det koste til ...?

보 마에 빌레 뎃 코스타 틸

이 주소로 부탁 드립니다.

Tag mig til denne adresse.

타 마 티 덴네 아드헤스

가는데 얼마나 시간이 걸립니까?

Hvor lang tid vil turen tage?

보 랑 티드 빌 투헤 타에

서둘러 주세요.

skynd dig, tak!

스퀸 다 탁

교통

교통	trafik	안전 벨트	sikkerhedssele
교통 신호	trafiklys	자동차	bil
횡단 보도	fodgængerovergang	자전거	cykel
다리	bro	정류장	station
도로	vej	지하철	metro
택시	taxa	기차	tog
트램	sporvogn	철도	jernbane
버스	bus	기차역	togstation
버스 정류장	busstoppested	시간표	køreplan

보도	fortov	왕복표	returbillet
버스 운전사	buschauffør	편도표	enkeltbillet
승객	passager		

방위

동쪽	øst	남쪽	syd
서쪽	vest	북쪽	nord

15 관광

~는 어디죠?

Hvor er... ?

관 광

인포메이션 센터는 어디죠?

Hvor er turistkontoret?

보 에 투리스트콘토헤

가볼 만한 곳이 어디인가요?

Er der nogle gode steder at besøge?

에 데 놀 고 스테어 에 베소에

시내 지도를 얻을 수 있을까요?

Har du et bykort?

하 두 엣 비콧

지도에 표시해 줄 수 있으세요?

Kan du markere det på kortet?

칸 두 마케헤 데 포 코텟

저희 사진 좀 찍어 주시겠어요?

Kan du tage et billede af os?

칸 두 타에 엣 빌르 앞 오스

사진 찍어도 되나요?

Kan jeg tage et billede?

칸 야 타에 엣 빌르

~는 언제 열어요/ 닫아요?

Hvornår er.... åben / ... lukket?

보노 에   오븐   루게

그룹 할인이 있나요?

Er der en grupperabat?

에 데 엔 구루퍼하밧

학생 할인 있나요?

Er der rabat til studerende?

에 데 하밧 티 스투데헨네

어디서 ~를 할 수 있나요?

Hvor kan jeg gøre ...?

보 칸 야 고허

주변에 ~가 있나요?

Er der ... i nærheden?

에 데   이 내헤흔

가이드 투어가 있나요?

Er der guidede ture?

에 데 가이디 투헤

얼마나 걸려요?

Hvor lang tid tager det?

보 랑 티ㄷ 타 데

자유 시간 얼마나 있어요?

Hvor meget fritid har vi?

보 메 프히티ㄷ 하 비

장소

교회	kirke	서점	boghandel
PC방	internetcafé	성	slot
경찰서	politistation	성당	katedral
공원	park	소방서	brandstation
궁전	palads	수영장	svømmepøl
극장	teater	슈퍼마켓	supermarked
나이트 클럽	natklub	시청	rådhus
대학	universitet	신발가게	skobutik
도서관	bibliotek	약국	apotek
동물원	zoologisk have	영화관	biograf
레스토랑	restaurant	옷가게	tøjbutik

미용실	skønhedssalon	유원지	forlystelsespark
바	bar	은행	bank
박물관	museum	정육점	slagter
백화점	stormagasin	키오스크	kiosk
병원	hospital	학교	skole
빵집	bageri	항구	havn

관광

가이드북	guidebok	여행	resa
관광	sightseeing	예약	bokning
관광 안내소	turistkontor	일정표	resväg
관광객	turist	입장권	biljett
기념품점	presentbutik	입장료	pris
매표소	biljettkontor	자유 시간	fritid
분실물 사무소	förlorat och hittat	지도	karta
사진	foto	차례, 줄	kö
신혼 여행	smekmånad	출장	affersresa

안내 책자　　broschyr

16 공항

어디서 가방을 찾나요?

Hvor kan jeg hente min bagage?

공 항

16 - 1. 출국 시

어디로 가십니까?

Hvor flyver du til?

보 플뤼버 두 틸

여권 보여주세요.

Kan jeg se dit pas?

칸 야 세 딧 파스

예약을 확인/ 취소/ 변경하고 싶어요.

Jeg vil bekræfte / annullere / ændre min reservation.

야 빌 베크헤프트 아눌레헤 앤드헤 민 헤서베손

인터넷으로 예약했어요.

Jeg har bestilt på nettet.

야 하 베스틸 포 넷테

창가 / 복도 쪽 좌석 주세요.

Jeg vil have en vindues / gangplads.

야 빌 하브 엔 빈두에스 강프라스

수화물 몇 개까지 허용됩니까?

Hvor mange kufferter kan jeg tjekke ind?

보 만에 쿠퍼터 칸 야 튀거 인

몇 번 게이트 인가요?

Hvilken gate skal jeg til?

비켄 게트 스카 야 틸

몇 시에 체크인 해야 하나요?

Hvornår skal jeg tjekke ind?

보노 스카 야 튀거 인

출발이 지연되었습니다.

Afgangen er blevet forsinket.

아프강엔 에 블레베 포신케

비행기가 취소되었습니다.

Afgangen er blevet aflyst.

아프강엔 에 블리베 앞뤼

안전벨트를 착용해 주십시오.

Spænd sikkerhedsbæltet.

스판 시거헤드스벨트

자리로 돌아가 주세요.

Gå tilbage til dit sæde.

고 틸배에 티 딧 세ㄷ

마실 것 좀 주세요.

Jeg vil have noget at drikke.

야 빌 하ㅂ 노에 에 드히게

이 자리 사람 있나요?

Er det sæde optaget?

에 덴 세ㄷ 옵타에

휴대전화를 꺼주세요.

Sluk for din mobiltelefon.

스룻 포 딘 모빌텔레폰

담요 좀 주세요.

Kan jeg få et tæppe?

칸 야 포 에 테프

16- 2. 입국 시

여행 목적은 무엇입니까?

Hvad er formålet med deres besøg?

바 에 포몰레 메 데헤스 베쇠

출장 중입니다.

Jeg er på forretningsrejse.

야 에 포 포헤ㅌ닝스하이세

여기 휴가로 왔어요.

Jeg er på ferie.

야 에 포 페에히

단체 여행으로 왔습니다.

Jeg er her med en turistgruppe.

야 에 헤 메 엔 투리스트구훕

가족을 만나러 왔습니다.

Jeg besøger familie.

야 베쉬어 페미리

어디에서 지내실 겁니까?

Hvor skal de bo?

보 스카 데 보

얼마 동안 머물 예정입니까?

Hvor lang tid planlægger de at blive?

보 랑 틷 프래랭어 데 엣 브리ㅂ

며칠간만요.

Et par dage.

엣 파 데에

~주 동안 있을 겁니다.

Jeg vil være her i ... uger.

야 빌 베헤 헤 이   우어

신고 할 것 있으십니까?

Har du noget at erklære?

하 두 노에 에 에크래허

신고 할 것 없습니다.

Jeg har intet at erklære.

야 하 인테 엣 에크레허

어디서 가방을 찾나요?

Hvor kan jeg hente min bagage?

보 칸 야 헨테 민 바게쉬

제 가방이 도착하지 않았습니다.

Min bagage er forsvundet.

민 바게쉬 에 포스부드

가방을 열어 보세요.

Kunne de venligst åbne deres taske, tak?

쿤네 데 벤리스트 오븐 데헤 타스크 탁

시내에 가라면 어떻게 해야 하나요?

Hvordan kan jeg komme til centrum fra lufthavnen?

보단 칸 야 콤메 틸 센트룸 프라 루프트하운

공항까지 가는 버스/ 기차가 있나요?

Er der en bus / et tog, der kører til lufthavnen?

에 데 엔 부스 엣 톡 데 코헤 틸 루프트하운

공항에서 출발하는 버스/ 기차가 있나요?

Er der en bus / et tog, der afgår fra lufthavnen?

에 데 엔 부스 엣 톡 데 아프고 프라 루프트하운

공항

공항	lufthavn	세관	told
국내선	indenrigs flyvning	세금	skat
국적	nationalitet	스탑 오버	mellemlanding
국제선	international flyvning	여권	pas
기내 수하물	håndbagage	외국	fremmed land
면세점	toldfri butik	위탁 수하물	indchecket bagage
비행기	fly	항공사	flyselskab
비행기 표	flybillet	항공편	flyvning
사증, 비자	visum	항공편 번호	flynummer

17 쇼핑

이것은 얼마인가요?

Hvor meget koster denne?

쇼 핑

어디에서 ~를 살 수 있죠?

Hvor kan jeg købe...?

보 칸 야 쾨브

이 가게는 언제 열어요?

Hvad er jeres åbningstider?

바 에 에헤스 오브닝스티더

무엇을 도와드릴까요?

Hvordan kan jeg hjælpe dig?

보단 칸 야 얄프 다

괜찮아요, 그냥 보는 것뿐입니다.

Nej tak, jeg kigger bare.

나이 탁 야 키거 바헤

104

~를 찾고 있어요.

Jeg leder efter...

야 레더 에프터

~를 파나요?

Sælger I ...?

샐에 이

입어 봐도 되나요?

Må jeg prøve denne?

모 야 프호브 덴네

큰/ 작은 사이즈는 없나요?

Har du større / mindre størrelse?

하 두 스토헤 민드헤 스퇴헬스

싼 것은 없나요?

Er der noget billigere?

에 데 노에 빌리에

이것은 얼마인가요?

Hvor meget koster denne?

보 마 코스터 덴네

또 필요한 것은 없으세요?

Er der andet du mangler?

에 데 안에 두 망에

네 다른 것은 필요 없어요.

Nej Tak. Intet andet.

나이 탁   인테 안에

모두 얼마죠?

Hvor meget i alt?

보 마 이 알트

싸네요. / 비싸네요.

Det er billigt / dyrt.

뎃   에 빌릿 뒤얼

깎아 주실 수 있으세요?

Kan du sænke prisen?

칸 두 생게 프리센

신용카드로 계산 되나요?

Tager I kreditkort?

타에 이 크레딧콧

영수증 주세요.

Kan jeg få en kvittering?

칸 야 포 엔 크비터잉

봉지 좀 주세요.

Kan jeg få en plastikpose?

칸 야 포 엔 프라스틱포세

이것은 망가졌어요.

Dette er brudt.

데테 에 브훗

이것은 때가 탔어요.

Dette er forkælet.

데테 에 포케르

이 상품을 바꾸고 싶습니다.

Jeg vil gerne bytte denne.

야 빌 겔네 뷔트 덴네

쇼핑

거스름돈	byttepenge	영수증	kvittering
캐시어	kassemedarbejder	영업 시간	åbningstid
비용	koste	입구	indgang
사이즈	størrelse	점원	butiksassistent
상점	butik	출구	udgang
선물	gave	패션	mode
세일	salg	품절	udsolgt
손님	kunde	품질	kvalitet
쇼윈도우	butiksvindue	피팅 룸	prøverum
쇼핑 거리	shoppinggade	환불	tilbagebetaling

쇼핑 센터	indkøbscenter		

옷

넥타이	slips	스카프, 숄	sjal
모자	hat	스커트	nederdel
바지	bukser	스타킹	strømper
벨트	bælte	신발	sko
블라우스	bluse	양말	sokker
우비	regnfrakke	장갑	handsker
셔츠	skjorte	재킷	jakke
속옷	undertøj	청바지	jeans
손수건	lommetørklæde	코트	frakker

수영복	badedragt	가디건	cardigan

미용, 치장

핸드백	håndtaske	손목시계	armbåndsur
귀걸이	øreringe	아이라이너	eyeliner
지갑	pung	선 블록	solcreme
동전 지갑	pengepung	향수	parfume
립스틱	læbestift	데오드란트	deodorant
빗	kam	아이섀도	øjenskygge
선글라스	solbriller	화장	makeup
마사지	massage	안경	briller
매니큐어 액	neglelak	팔찌	armbånd

반사체, 리플렉터	reflektor	목걸이	halskæde

색

빨강색	rød,rødt,røde
분홍색	pink; lyserød,lyserødt,lyserøde
주황색	orange
노란색	gul,gult,gule
녹색	grøn,grønt,grønne
파랑색	blå,blåt
보라색	lilla
갈색	brun,brunt,brune
회색	grå,gråt
검은색	sort,sorte
흰색	hvid,hvidt,hvide

18 숙박

얼마 동안 머물 예정이십니까?

Hvor længe bliver du?

숙 박

빈방 있습니까?

Har I ledige værelser?

하 이 르디 배헬서

싱글 / 더블룸 있나요?

Har du et enkeltværelse / dobbeltværelse?

하 두 엣 엔켈베헬서 두벨베헬서

1박 / 3박 묵겠습니다.

Jeg bliver en nat / tre nætter.

야 브리버 엔 낫 트헤 내더

~란 이름으로 예약했습니다.

Jeg har reserveret et værelse i navnet...

야 하 헤서베헷 에 베헬서 이 납느

114

하룻밤에 얼마에요?

Hvad er prisen per nat?

바 에 프리센 퍼 낫

아침 포함된 가격인가요?

Inkluderer prisen morgenmad?

인크루데헤 프리센 모엔맨

몇 시에 아침인가요?

Hvornår er morgenmaden?

보노 에 모엔마든

화장실 딸린 방으로 주세요.

Jeg vil have et værelse med et badeværelse.

야 비 하브 엣 베헬세 메 엣 배드베헬세

얼마 동안 머물 예정이십니까?

Hvor længe bliver du?

보 랭 브리버 두

미리 지불하셔야 합니다.

Du skal betale på forhånd.

두 스카 베테레 포 포혼

어디서 인터넷을 쓸 수 있죠?

Hvor kan jeg bruge internettet?

보 칸 야 브후 인터넷ㅌ

무료 와이파이가 있나요?

Er der en gratis wifi?

에 데 엔 그하티스 와이파이

와이파이 비밀 번호가 무엇인가요?

Hvad er wifi-adgangskoden?

바 에 와이파이 아드강스코든

제방 열쇠를 주세요. 방 번호는~입니다.

Kan du give mig min værelsesnøgle? Værelsesnummer er..

칸 두 깁 마 민 베헬세스노에   베헬세스누메 에

~시에 깨워줄 수 있으세요?

Kunne du vække mig klokken ...?

쿤ㄴ 두 배거 마 클로간

방에 소음이 심해요.

Værelset er for larmende.

배헬셋 에 포 라맨ㄷ

화장실이 막혔어요.

Toilettet er tilstoppet.

토이렛 에 틸스톱ㅌ

히터가 고장 났어요.

Radiatoren fungerer ikke.

하디아토흔 풍게어 일

방에 열쇠를 두고 나왔어요.

Jeg forlod min nøgle på værelset.

야 포로 민 노엘 포 베헬셋

방이 치워지지 않았어요.

Værelset er ikke renset.

베헬센 에 익 헨셋

전기가 안 들어와요.

Vi har ikke elektricitet.

비 하 익 엘렉스리시팃

불이 나갔어요.

Lysene er slukket.

뤼센 아 스루겟

TV가 고장 났어요.

Fjernsyn virker ikke.

프엔쉰 버거 익

이불 하나만 더 주세요.

Kan du give mig et ekstra tæppe?

칸 두 깁 마 엣 엑스트라 태프

짐 좀 맡아 주시겠어요?

Kunne du opbevare min bagage?

칸 두 옵베바헤 민 바게쉬

체크아웃 하고자 합니다.

Jeg vil gerne checke ud.

야 빌 게흐네 쉐크 웃

숙박, 건물 관련

건물	bygning	집	hus
게스트 하우스	pensionat	체크아웃	tjek ud
더블룸	dobbeltværelse	체크인	tjek ind
룸 서비스	roomservice	층	etage

방	værelse	포터	portier
싱글룸	enkeltværelse	프론트	reception
아파트	lejlighed	호스텔	vandrehjem
엘리베이터	elevator	호텔	hotel

방 안, 사물 관련

거실	stue	열쇠	nøgle
거울	spejl	오븐	ovn
냉장고	køleskab	욕실	badeværelse
드라이어	hårtørrer	욕조	badekar
램프	lampe	의자	stol
문	dør	이불	dyne
발코니	balkon	장롱	garderobe

베개	pude	창	vindue
부엌	køkken	치약	tandpasta
비누	sæbe	침대	seng
사우나	sauna	침실	soveværelse
샤워기	bruser	칫솔	tandbørste
샴푸	shampoo	커튼	gardiner
세탁기	vaskemaskine	테이블	bord
소파	sofa	텔레비전	fjernsyn
수건	håndklæde	화장실	toilet

종이, 문구

가위	saks	잡지	tidsskrift
볼펜	kuglepen	접착제	lim
봉투	konvolutter	지우개	viskelæder
사전	ordbog	종이	papir
테이프	tape	책	bog
신문	avis	연필	blyant
펜	pen		

19 식당

무엇을 추천하시나요?

Hvad anbefaler du?

19 식 당

자리를 예약하고 싶습니다.

Jeg vil gerne bestille et bord, tak.

야 빌 게ㅎ네 베스틸 에 보어 탁

몇 분이시죠?

Til hvor mange?

틸 보 망에

2명 자리 부탁해요.

En bord til to, tak.

엔 보어 틸 토 탁

자리 있나요?

Har I nogle frie borde?

하 이 노 프히 보어

좀 기다려 주시겠습니까?

Kunne du vente et øjeblik?

쿤 두 벤테 에 오에브릭

얼마나 기다려야 하나요?

Hvor længe skal jeg vente?

보 랭 스카 야 벤테

여기 앉아도 되나요?

Kan jeg sidde her?

칸 야 시어 허

배가 고파요.

Jeg er sulten.

야 에 술텐

목이 마릅니다.

Jeg er tørstig.

야 에 토스티

메뉴 좀 주세요.

Kan jeg se menuen?

칸 야 세 메누엔

이 음식은 무엇인가요?

Hvilken slags mad er dette?

빌켄 스락 매 에 데테

주문하시겠습니까?

Er I klar til at bestille?

에 이 크라 티 에 베스틸

아직 결정을 못 했어요.

Jeg har ikke besluttet det endnu.

야 하 일 베스룻 데 엔누

무엇을 추천 하시나요?

Hvad anbefaler du?

바드 안베페러 두

126

이 음식에서 ~를 빼 주실 수 있으세요?

Kan jeg få dette uden ...?

캬 야 포 데테 우은

돼지 고기를 못 먹어요.

Jeg kan ikke spise svinekød.

야 칸 익 스피세 스빈네콜

이것은 제가 시킨 것이 아니에요.

Dette er ikke det jeg bestilte.

데타 에 익 데 야 베스틸

맛있게 드세요.

Nyd dit måltid!

뉘 딧 몰틷

이거 맛있네요.

Dette smager godt.

데타 스마에 곳

계산서를 주세요.

Regningen, tak.

아이닝은 탁

식당

계산서	regning	에피타이저	forret
나이프	kniv	오믈렛	omelet
냅킨	serviet	와인	vin
레모네이드	limonade	요구르트	yoghurt
맥주	øl	우유	mælk
메뉴	menu	웨이터	tjener
메인 코스	hovedret	으깬감자	kartoffelmos
물	vand	잼	syltetøj
바비큐	grill	주스	Juice
버터	smør	차	te
빵	brød	초콜릿	chokolade

샐러드	salat	커피	kaffe
설탕	sukker	컵	kop
소금	salt	케이크	kage
소스	sovs	팬케이크	pandekage
수프	suppe	포크	gaffel
스테이크	bøf	피자	pizza
스푼	ske	후식, 디저트	dessert
아이스크림	is	후추	peber

식품

게	krabbe	송어	ørred
감자	kartoffel	수박	vandmelon

고기	kød	순록고기	rensdyrkød
과일	frugt	쌀	ris
달걀	æg	양고기	lam
닭고기	kyllingekød	양배추	kål
당근	gulerod	양상추	salat
대구	torsk	양파	løg
돼지고기	svinekød	연어	laks
딸기	jordbær	오렌지	appelsin
레몬	citron	오리고기	andekød
마늘	hvidløg	오이	agurk
멜론	melon	올리브	oliven
바나나	banan	완두콩	ært

배	pære	참치	tun
버섯	svamp	채소	grøntsager
복숭아	fersken	청어	sild
블루 베리	blåbær	치즈	ost
사과	æble	콩	bønne
새우	reje	토마토	tomat
생선	fisk	파인애플	ananas
소고기	oksekød	포도	drue
소시지	pølse	햄	skinke

20 병원

상태가 어떠세요?

Hvilke symptomer har du?

병 원

상태가 어떠세요?

Hvilke symptomer har du?

빌케 쉼토머 하 두

아파요.

Det gør ondt.

데 고 온트

다쳤어요.

Jeg er såret.

야 에 소에

몸이 안 좋아요.

Jeg føler mig dårlig.

야 푈러 마 도릿

기분이 좋지 않습니다.

Jeg har det ikke så godt.

야 하 뎃 익 소 곳

독감에 걸렸어요.

Jeg har influenza.

야 하 인프루엔자

피곤해요.

Jeg er træt.

야 에 트헷

~에 알러지가 있어요.

Jeg er allergisk over for...

야 에 알레긱 오어 포

~가 아파요.

Jeg har ondt i ...

야 하 온 이

감기/ 콧물/ 열/ 오한이 있어요.

Jeg har hoste / løbende næse / feber / kulderystelser.

야 하 호스테 뢰배네 네세　페버　퀴레휘스텔서

설사해요.

Jeg har diarré.

야 하 디아헤

두통/ 복통/ 치통이 있어요.

Jeg har hovedpine / mavepine / tandpine.

야 하　호으피네　매어피네　탄피네

목이 부었어요.

Jeg har ondt i halsen.

야 하 온 이 할센

어지러워요.

Jeg føler mig svimmel.

야 푈러 마 스빈멜

코가 막혔어요.

Jeg er tilstoppet.

야 에 틸스토펫

앰뷸런스를 불러주세요!

Ring efter en ambulance!

힝 에프터 엔 엠부랜스

신체

가슴	bryst	손	hånd
귀	øre	손가락	finger
눈	øje	손목	håndled
다리	ben	신체	krop

등	ryg	어깨	skulder
머리	hoved	얼굴	ansigt
머리카락	hår	이마	pande
목	hals, nakke	입	mund
무릎	knæ	치아	tænder
발	fod	코	næse
발가락	tæer	턱	hage
발목	ankel	팔	arm
배	mave	팔꿈치	albue
배꼽	navle	피부	hud
뺨	kind	허벅지	lår

21 긴급

도와줘요!

Hjælp!

21 긴 급

도와줘요!

Hjælp!

야프

조심해!

Forsigtig!

포식틱

불이야!

Brand!

브헨

멈춰요!

Stop!

스톱

빨리요!

Hurtigt!

후어팃

경찰!

Politi!

포리티

~을 놓고 왔어요.

Jeg glemte...

야 그램트

~을 잃어버렸어요.

Jeg har mistet min...

야 하 미스테 민

제 ~을 찾으셨나요?

Fandt du min...?

판ㅌ 두 민

제 ~가 도둑 맞았어요.

Min ... er blevet stjålet.

민　에 블리에 스트요레

경찰을 불러요!

Ring efter politiet!

힝 아프터 포리텟

나는 무죄입니다.

Jeg er uskyldig.

야 에 우쉰디

변호사를 불러주세요.

Jeg vil have en advokat.

야 비 하 엔 아드보캇

Appendix 발 음

1. 알파벳

a (에)	i (이)	q (쿠)	y (위)
b (베)	j (요)	r (에아)	z (세트)
c (세)	k (코)	s (에스)	æ (에)
d (데)	l (엘)	t (테)	ø (외)
e (에)	m (엠)	u (우)	å (오)
f (에프)	n (엔)	v (베)	
g (게)	o (오)	w (두블르베)	
h (호)	p (페)	x (엑스)	

2. 발음

1) 주의해야 할 모음 발음

덴마크어의 모음은 a, e, i, o, u, y, æ, ø, å와 같다. 단
자음 앞의 단모음은 길게 발음하고 복자음 앞의 모음
은 짧게 발음해야 함을 기억하자. 참고로 자음 r이 단
어 중간이나 끝에 오는 경우도 단어가 장음화 된다.
 예)park (파-크) 공원)
  lyse(뤼-세) 밝은: s앞의 y가 길게 발음 됨.
  jakke(야그) 자켓: kk앞의 a가 짧게 발음 됨.

å: 입을 동그랗게 오므린 상태에서 '오' 발음.

æ: 한국어의 '아' 와 '애'의 중간발음이다. 힘을 빼고
e를 발음하는 혀의 위치에서 a를 발음 할 때처럼
조금 더 입을 크게 벌려 발음한다.

ø: 한국어의 '외'와 비슷한 발음이지만 e의 혀 위치에
서 o를 발음할 때처럼 입을 동그랗게 오므려 발음한

다는 점에서 차이가 있다. øj, øg는 '오이'로 발음한다.

예) h**øj** (호이) 높다, t**øj** (토이) 옷

y: 한국어의 '위'와 '이'의 중간 발음. i의 혀 위치에서 u를 발음하듯 입을 동그랗게 오므려 발음한다.

e: e가 말미에 오는 경우 강세는 없는 상태에서 살짝 '에' 발음을 해준다. 참고로 ig, eg, ej, aj 는 '아이'로 발음한다.

예) j**eg** (야이) 나, h**ej** (하이) 안녕, n**ej**(나이) 아니오

u: u다음 nk, ng, m이 오는 경우 u가 '오'에 가깝게 발음이 됨을 기억하자.

예) **ung** (옹) 젊은, d**um**(돔) 어리석은

2) 주의해야 할 자음 발음

d: d앞에 l, n, r이 오는 경우 및 d 다음에 s, t가 오는 경우, d는 묵음이다. 즉, ds, dt, ld, nd, rd의 d는 묵음이

다. 또한 과거형 어미 ede와 같은 모음 다음 d가 오는 경우 및 d가 모음 사이에 껴 있는 경우 아주 약한 발음의 '드'로 발음한다.

예) i**l**d(일) 불, ma**n**d(맨) 남자, vi**ds**te(비스테) 알았다, fe**dt**(페트) 차가운, ma**d**(매ㄷ) 음식

g: r, o, å, ra 다음 g가 올 경우, 묵음에 가까운 '우'로 발음한다. ug, org, lg 및 모음다음 ge가 오는 경우도 이와 비슷하게 묵음에 가깝다. ng는 비음으로 영어의 ing와 비슷한 '응' 발음이다.

예) k**rage** (크라우) 까마귀, b**og** (보우) 책, s**alg** (셀) 세일, ku**g**le (쿠레) 공

h: h다음 v와 j가 오는 경우, 즉 hv, hj 의 h는 묵음이다.

예) **hv**em(벰) 누구, **hv**or(보) 어디

k: k가 단어 중간에 있는 경우, g로 발음된다.

예) s**k**ib (스깁) 배, s**k**o (스고) 신발

p: 만약 p가 단어 중간에 있는 경우, b로 발음 된다.

  예) spille (스빌레) 놀다, spis (스비스)

r: r이 모음 앞에 올 경우 'ㅎ어'와 같은 불안정한 소리가 난다. 모음 뒤, 혹은 마지막에 오는 경우 깊은 '어' 소리가 난다.

t: 만약 t가 단어 중간에 있는 경우, d로 발음 된다. 참고로 중성어미 -et의 경우 아주 약한 발음의 '으'로 발음한다.

  예) rotte(로데) 쥐, stol (스돌) 의자, huset(후스) 그 집

v: ve 혹은 vn으로 끝나는 단어, 모음 다음 v가 오는 경우, v는 '우'로 발음한다. 또한 -lv의 v는 묵음이다.

  예) havn (하운) 항구, brev (브레우) 편지, lov(로우) 법, halv(헬) 반